AF175039

DEVENIR POESÍA
Número 338
Colección dirigida por Juan Pastor

ARACELI LÓPEZ HERRERA

LUZ EN EQUILIBRIO

POESÍA

Devenir

Madrid, 2024

Primera edición, enero 2024

Diseño: José Ramón Ballesteros de Diego

© Araceli López Herrera
© De la presente edición:
Fundación Devenir. Poesía y Ensayo
Apartado de correos número 5
28991 Torrejón de la Calzada (Madrid)
Teléfono: 918 169 210
Dirección de correo electrónico: pastorj@telefonica.net
Página web: www.devenir.es

ISBN: 978-84-18993-33-6
DEPÓSITO LEGAL: M 1942-2025

Impreso en Imprenta Kadmos
Salamanca
IMPRESO EN ESPAÑA - PRINTED IN SPAIN

Para Damián,
y para Guiu, Marina y Nara,
que convierten todo olvido en esperanza.

POEMAS DEL OLVIDO

El amor, entonces,
era eso.
La ilusión de convocar,
en los trigales,
al certamen de los besos.

DESPERTAR

Decidió dejar
las luchas atrás
y partir al alba,
alentada, solo,
por la calma extraña
que solo se siente
cuando algo es verdad.

La guió el destino,
que aceptó tendida
a su vastedad,
permitió al rocío
que ungiera su cuerpo
de un aroma nuevo
y de otra libertad.

Y partió muy lejos,
lejos de los nombres
que había aprendido,
lejos de esos roles
que había inventado
desde aquel espejismo
que la vio marchar.

Y la encontró un ocaso,
rendida a su suerte,
vencido el deseo
de ser algo más
que una quimera
en un despertar.

OTRA VIDA

Me encontrará otra vida
cortando, como ahora,
los pétalos de otras flores marchitas.

No sabrá que he sido yo,
ni que te he amado,
no sabrá que viví ebria
de una espera infinita.

Y en esa otra vida,
arreglaré el jardín tranquila,
con la presencia nueva
de otro otoño que se avecina.

No sabré que fuiste hombre,
que amaste, que tus ojos
se alzaron ante muchos horizontes,
no sabré las veces
que pronuncié tu nombre.

Pero entre esa brisa
que llega y que acaricia,
que lleva al pensamiento
a no se sabe qué melancolías,
intuiré tu ausencia,

y sin saber quién fuiste,
y sin saber si existes,
emprenderé el camino
que, ineludible, me indiquen
los pétalos de otras flores marchitas.

ENSUEÑO

No importa
habernos encontrado en este mundo
en el que lo verdadero
parece dormido,
vives en mí
como un diamante oculto.

Comprendo
que el misterio de tus besos
debe estar en el secreto
de mis sueños.

Me basta con saberte
compartiendo las mareas,
y los días tras las noches,
con mis versos.

No puedo pedir más,
sabiendo que me acoge,
como a ti, el mismo cielo.

La vida
me concede vivirte
y, aunque a lo lejos,
te amo en el latido

de los árboles al viento,
te amo en el sonido
que llega a mí
y comprendo,
te amo porque puedo
y porque entiendo
que es duro despertarse
de este ensueño.

AUSENCIA

Te irás sin decirme
que me has querido.
Incapaz de comprender
el vacío que presientes,
evocarás mi memoria
en el silencio de tus noches.

Te irás sin saber
cuánto me quieres.
Encontrarás, tal vez,
en otra casa y otra esencia,
escondida, mi presencia,
pero yo no seré yo
y tú anhelarás partir
para seguir buscándome.

No sabrás que estoy cerca
en esta ausencia,
que sé que, aun incapaz de acercarte,
recuerdas que hubo un tiempo
en que me amaste,
un tiempo de amapolas y trigales
bajo un cielo que alumbraba
nuestras voces.

Me amaste y tu inocencia,
hecha conciencia,
forjó lo que ahora eres.
Mas si no quieres,
mi amor es suficiente,
trasciende este espejismo,
hecho tristeza,
y me permite
dejar de ser ausencia
y liberarte.

MENSAJE DE AGUA

La vida que te trajo
me pide ahora
que renuncie
a la ambrosía dulce
de tu abrazo.

Andar y desandar
olvidos que hablan
de amores encontrados
que no se realizaron.

Y yo te había soñado,
venciendo esta conciencia
que se ha vuelto cadena
y, anuda, constante,
a la tristeza nuestra esencia.

Te había reconocido
en el temblor imperceptible
de las noches claras,
en las palabras de amor
que solo se pronuncian
en la madrugada.

Y tú sabías, ya,
que yo te reclamaba,
llegaste buscando en mi mirada
tu mensaje de agua.

La vida que renace
en cada flor que se abre,
en cada batir suave
de alas de mariposa.

Tañido que persiste,
venciendo este presente
que, ahora, me entristece,
sabiendo que, en la espera,
pervive nuestra esencia,
sintiendo en esta noche
tu ser que, en mí, trasciende.

OTRO NOMBRE

No podré explicarte
la música que contiene el agua,
las danzas que presienten tus silencios.

No podré enseñarte
la luz que destilan las fuentes,
el alboroto suave de los amaneceres.

Callaré la evidencia
de ese vestigio cuando llegues.

No sé, tal vez, si entre las flores
recordarás que tienes otro nombre,
ese que acuna tu latido algunos atardeceres
y sabe a perfumes que desconoces.

El tiempo y el espacio, que no existen,
que llevan al destierro lo que fuiste
y lo que eres,
la gota de rocío suspendida,
la lágrima de nostalgia contenida,
la levedad de la voz enamorada,
el reto de aceptar de dónde vienes.

SU VOZ EN LA NIEBLA

A veces vence la tristeza.
Encuentra un camino cansado
que no ofrece, ya, resistencia.

Se acerca callada y despacio,
vertiendo en la mente
el recuerdo de un albor pasado,
de conquistas viejas
y amores que fueron
y están, ya, olvidados.

No es fácil, entonces,
cerrarle la puerta,
negarle el camino
al que todo la acerca.

Prefieres dejarla que venza,
que lleve al olvido
tu antigua presencia,
abrir las compuertas,
cederle tu fuerza,
seguir, para siempre,
su voz en la niebla.

ENTRE LAS MANOS

Hoy se cerrará la noche
sin haberte visto.
No conoceré los paisajes
que reflejaron tus ojos,
ni sentiré sobre mi piel
las amapolas suaves
de tus labios.

Hoy se cerrará la noche
sin rozar la magia
que hubiera entrañado amarnos.
Te evocaré, entonces,
en lo oscuro,
entre el murmullo ahogado
de todas las palabras
que te había preparado.

Hoy se cerrará el ocaso.
Seremos un poco más viejos
y un poco menos humanos.
Nos retiraremos,
bajo la arista de las sombras,
cada uno por su lado,
para despertarnos, solamente,
con desierto entre las manos.

ES LA TARDE

Aún no te he perdido
y se ha vestido, ya,
la tarde, de añoranza.

Ha cedido,
ya cansada de buscarte,
a la esperanza de vivirte.

Y no estoy triste.
Es la tarde,
con sus galas,
que enmaraña mis palabras.

Si supieras
los naufragios que he sufrido
hasta encontrarte,
los deseos no cumplidos,
los destinos que han partido.

Y no te hago responsable.
Es la tarde
que no entiende
el lenguaje que la aparta.

Si supiera
transmitirte en mi mirada
el reflejo del amor sin condición
y el dolor ante este abismo,
el saber que es tan difícil,
detrás de esto, ser los mismos.

Y no estoy triste.
Es la tarde
que pretende
que te viva en la añoranza.

LOS BESOS PERDIDOS

No volveré a darte
la vida que has perdido, no.

Dejaré que escape
como la bruma suave
de esta mañana de junio.

No cederé al impulso,
efímero y tenaz, a un tiempo,
de volverte, de nuevo,
a mi recuerdo.

Dejaré que partas
sin el estigma
de mis besos.

Y si añoras, entonces,
las auroras que no vivimos,
el cobijo de las sombras
en cada atardecer cedido,
sabrás lo que he sentido
al no tenerte
y buscarás, quizás,
los besos que negaste,

los que, ahora, persigues
por todos los caminos,
los que eran tuyos y míos,
los que hemos perdido.

DOS GATOS Y UN PERRO PEQUEÑO

Siempre tuvimos una historia
independiente que nos unió,
dos gatos y un perro pequeño,
la conciencia de sabernos
juntos en la soledad.

Siempre volvimos, de nuevo,
a la senda que nos hizo
el mismo en la diversidad,
y parece, ahora, que un mundo
extraviado lo quiera olvidar.

Dos gatos y un perro pequeño,
no había otro misterio,
vivir en la fuente de la libertad,
reírnos del miedo al paso del tiempo,
negarle el cobijo a la mediocridad.

Y en este momento,
aquel fuego que fuimos
parece un recuerdo
que hay que añorar,
dos gatos y un perro pequeño,
la vida era eso,
eso y nada más.

CUANDO EL TIEMPO SE CIERRE

A veces, no quiero
lo que más quiero.
Destruir el amor
para que no me hiera.

Sofocar la llamada
que me dice
que me rinda, ya,
a la muerte.

Entonces, prefiero no verte,
negar tu existencia,
vivir tu presencia
como un soplo suave,
como un no tenerte.

A veces quisiera perderme
y que solo me encuentres
a través de mis versos,
cuando el tiempo se cierre,
cuando ya no seas tú
que has venido a olvidarme,
cuando encuentres aquello
por lo que te alejaste.
Entonces, cuando el tiempo,
vencido, se cierre.

TÚ PRIMERO

La niebla siempre se deshace,
transforma su apariencia de silencio
y revela los camaleones, lentos,
que ascienden por el desierto de los labios.

No es posible, ya, el engaño.
Ya no cubre la hojarasca
la mirada de los saurios.

Mientras tanto,
jugamos a la rareza
de sentirnos buenos, hermanos,
sofocamos cada aurora y nos perdemos
bajo el aura de una luz inexistente
en cada renglón que torcemos.

La niebla se disipa siempre,
convierte su manto en mortaja
y descubre la efímera sustancia
que contiene y engalana cada alma.

Ya no es posible el engaño.
Ya no cubren las palabras
cada cráter que se abre en todo canto.

Perecemos, entre tanto, en cada trance
sintiendo, ignorantes, que ganamos,
sometidos a esa farsa secular
en que la vida es un te quiero,
solamente, si me quieres tú primero.

AMOR DE NIEVE

Amor de nieve,
si habitas el palacio que construyes,
tendrás todo el poder
que tu ambición reclama
pero habrás perdido
el murmullo de tu nombre
y el recuerdo de tu casa.

Caminarás adormecido
entre ese espejismo de abundancia,
sin conocer el cielo ilimitado
de los brazos que anhelaron
ser contigo en tu camino.

No hay duda
de que es más fácil
entregarse a este destino,
ser uno entre tantos,
ser tanto sin ser uno.

Si vuelves, amor, de entre la nieve,
aquí estarán mis labios esperando,
los labios que han callado tus secretos,
aquellos que olvidaste pronunciar
en esa entrega de tu luz a lo prosaico.

APARIENCIAS

La calle está desierta.
Un gato pasa.
Apariencias que engañan.

Estoy yo,
frente a una calle
que parece desierta
y un gato que pasa.

Yo,
viviendo la luz de este día
que se escapa,
la soledad de los coches
bajo las farolas olvidadas,
el murmullo de la vida
que los edificios apagan.

Estoy yo,
que sé tan poco de calles desiertas
y gatos que pasan.

Tú no sé si estás.
Quizás en otro sitio

habita tu presencia,
tal vez hay otro espacio
que contiene apariencias idénticas
a las que a mí me engañan.

HE SIDO

No has querido
lo que soy contigo.
La no transgresión de las normas impuestas,
el encierro de la magia
en el cajón de los olvidos.

No has querido
lo que soy por estar contigo.
La aceptación de los roles atávicos,
el arrullo de las palomas
en el aire, suspendido.

Y de no querer
lo que fui contigo, he sido.
El remanso que contuvo
otros nombres antes
de conocer el tuyo,
brisa suave que sostuvo
el incendio de tus siglos.

UNA VEZ MÁS

Han sido muchas las renuncias,
los anhelos que la vida
me ha llevado a sofocar.

Los caminos que he tomado
o que he perdido me han hablado
de paisajes que jamás podré experimentar.

Y no busco que el destino
me regale con honores,
ni que el éxito fomente en mí
el afán de querer más.

Era solo hacerme un hueco
en la agenda de tu prisa,
era solo ser querida de verdad.

Y ya sé que es muy difícil
no perderse en esta frágil realidad,
era solo la esperanza, como tantas,
de creer que había un nosotros
que podíamos salvar.

Los vacíos conocidos,
la renuncia a compartir tu soledad
son, sin duda, esa vivencia repetida
que ahora llega una vez más.

DOBLAR LA SUERTE

No tengo voz para anhelarte,
ya no soy yo,
es el amor, que duele tanto,
el que ha acabado por extraviarte.

No sé si sabes cuánto te quise,
cuántas mañanas cerré mis alas
para ser solo tu pasaporte,
ente invisible en tu bagaje.

Hoy siento el peso de tanta muerte
y ya no quiero doblar la suerte,
poder salvarte, querer salvarme,
contar al viento que en ti soy alguien.

Quiero tan solo ser este instante,
libre de esperas, libre de antes,
ser llama entera, sentir mi fuerza,
ser una estela que no depende,
ya, de la suerte.

COMO FLORES DE MIEDO

Aún percibo tus besos
horadando la noche,
deshaciendo lo oscuro
de otro día despedido.

El sustento que nutre,
con sabor desabrido,
la fugacidad de todo
lo que, en apariencia, es eterno.

Aún percibo tus dedos
enredando al silencio
el olor de mi pelo.

Y aunque resultara fácil
concertar un encuentro contigo,
te prefiero llegando en el sueño,
con tus besos de aristas y fuego.

Y aunque, tal vez, no sean ciertos,
me desprendo ante ti
de todos los velos
y te entrego el dolor de estos labios
que habitan mi cuerpo
y en la noche despiertan,
como flores de miedo.

EL OCASO VACÍO

Te devuelvo los versos
que entonaron tu nombre,
la guadaña acechante
que desvelan las sombras.

Me desprendo de aquello
que nunca fue mío,
la memoria de siglos
de fulgores vacíos.

Y permito a los mares
que acaricien mi orilla,
que enmudezcan los cielos
que alentaron destierros.

Me despido del frío
que no obtuvo cobijo,
y retorno a tu estrella
el ocaso vacío
cuya voz es ya olvido,
el ocaso vacío
que cercena las sombras.

PARA NADA

A veces las voces callan,
se escudan en la sombra
que las conforma,
retienen en su silencio
la apariencia de la calma.

No vale tenderles puentes,
servirles de amalgama,
persisten en lo oscuro
que las clama y,
a un tiempo, las acalla.

Se valen, entonces,
de gestos vacíos, de miradas,
se abren tras la cueva cóncava
que las contiene y agiganta.

Y al fin, estallan,
como pompas sorprendidas de recelo,
como brújula perdida en un desierto,
estallan,

como nadas que son todo,
como máscaras sin rostro,
cual aristas contenidas,
estallan,
y se adentran en la sombra de su origen,
engendradas para nada.

VUELO

Vuelo,
vuelo con las alas
que ayer me cortaron
y, aunque estén ajadas,
elevo mis brazos
con lo que ha quedado.

Desde lo alto observo
y lo que aún no entiendo,
hoy acepto
y vuelo.

Miriadas de anhelos
se abren a mis versos,
el tiempo ha cedido
su sabor amargo
al alzar el vuelo.

La luna, mandala perdido
entre los molinos,
despeja el camino
hacia lo infinito.

Recobro un sonido
que sabe a silencio,

entre los almendros
se desnuda el viento,
sola estoy de nuevo.

Elevo mis brazos
y con esas alas que
ayer me cortaron
despido lo que me ata
al ego que quiso
perpetuar su engaño.

SEMILLAS

Nacer, de nuevo, a la poesía,
volver, ahora, redimida,
vertido el llanto contenido,
cumplido el desafío
que impuso la guadaña.

Sentir la vida otra vez viva,
y el aire que es caricia,
comprender que ser raíz
no fue mentira,
que este mundo que enloquece
se ha quedado detenido
en otra esquina.

Saber que esta cueva
que me alberga
es aún tu tierra,
que no existe afrenta
entre nosotros que perviva,
que aún quedan por nacer
entre tus ojos y los míos
tantas estrellas.

Abrir los párpados
a una esperanza

antigua y nueva,
creer que puedo florecer
en tu sonrisa
a pesar de las espinas,
que hay un camino, todavía,
que discurre, irreductible,
de mi sentir a tu ser,
cuajado, cuajado de semillas.

EN LA HORA AZUL

Te otorgo por legado
cuanto aquí he vivido,
todo aquello, en este sueño,
que he amado.

Me voy con la ilusión
de saberte libre y fuerte,
extrañamente humano
entre los hombres.

Me llevo, sin saberlo,
un pedazo de ese cielo,
que no he perdido, de tu abrazo.

Es cierto que aún me asalta
el temor a tanto olvido,
no niego el desconsuelo
de los besos que he omitido,
los mismos que ahora llegan
hechos pétalos de ausencia,
vueltos lágrimas de estrellas.

Te dejo, entre tanto, y sin quererlo,
el perfume de cada anhelo contenido,

el camino que fue mío
y ahora es tuyo.

Me voy en la hora azul
de los silencios,
perdida en cualquier hoja
llevada por el viento.

Me quedo lo que traje
cuando vine a este encuentro,
la luz de tu mirada,
el faro que me alumbra
el sendero hacia otro puerto.

Te cedo por legado
solamente el universo
y el reto de vivirte,
en este mundo, por completo.

POEMAS DE LA ESPERANZA

AMANECE

Cuando llegas, amanece.
No importa cuán larga y oscura
haya sido la noche.
Cuando llegas, amanece.

A TRAVÉS DE LAS ESTRELLAS

Te he visto
a través de las estrellas.

Soledades que nos muestran
los misterios que eluden,
cual desvelos, las tinieblas.

He escuchado tu latido,
hecho luz, entre el sonido
que proviene de este abismo.

No soy más que este instinto
que percibe tu presencia
y que la sigue,
vuelta lumbre, en la ceguera.

No comprendo, ya, esta espera
y confío en que los siglos
de extravíos repetidos,
de andaduras sin sentido,
no permitan que enmudezca
tu mensaje, vuelto aurora,
aurora eterna,
a través de las estrellas.

UNA LUNA DESCALZA

Comprendo que soy
una huella en la arena,
una extraña quimera
que pasa y que ve,
que siente que, siendo,
no fue.

Deshago los siglos
que fueron testigos
de dudas y luchas
sin fin.

Desecho esta piel
que contuvo
aquel muro
que hablaba de mí.

Y grito al espacio
que había sostenido
mi antiguo vacío
que soy, ya, sin ti,
que hay una luna descalza
alumbrando el camino
que, hoy, me decido a seguir.

LUCIÉRNAGAS

Ahora que sé que es lo mismo
perder o ganar,
y aunque cada uno de mis impulsos
me conduzca a mi antiguo instinto,
ya sé que es lo mismo
ceder o intentar conquistar.

Ahora, en esta precisa ilusión,
abierta a un vacío sostenido
a lo largo de mil tempestades
y milenios de equívocos repetidos,
navego en un mar
que me acerca continuo
a esta vaga orilla desconocida
o me adentra en el destello
nuevo de su profundidad.

Ahora, perdido un instante el deseo
de cualquier pasado, futuro objetivo,
me detengo un momento a observar,
a observar que, a pesar,
de toda posible apariencia
y el tañido de este eco infernal,
las luciérnagas no pueden dejar de brillar.

Ahora ya sé que, en el sueño,
he vivido esperando
poder despertar.

ALZHEIMER

A mi madre,
que me ha dado la poesía

Olvidó que los relojes latían
a un ritmo que no comprendía,
que todo tenía un nombre
y que las emociones más hermosas
solían permanecer escondidas.

Olvidó que los árboles
perdían sus hojas y, de nuevo, florecían,
que había seres que cedían sus sueños
y entregaban su misterio
al prosaico proyecto del poder o del dinero.

Olvidó el color de todos los ojos
que había amado y desconocido,
los caminos que, en otro tiempo,
la llevaron a algún sitio.

Olvidó que había vivido
en un mundo de silencios y de olvido.

Pero no olvidó que había palabras
que podían convertirse en poesía
y vivió la rareza de ser libre
en un mundo de sumisos.

Comprendió todos los dolores
que había causado y que había sufrido
y sintió que en su interior
nacían jazmines que llenaban
de fragancias sus abismos.

Conoció la importancia
de todo lo que no valía
y se sumió en un mundo
de cristales y amapolas
que le hablaban de alegrías.

Y nació a una nueva vida,
de miradas amables y poesías,
recordó que aún era niña,
que aún podía
despertarse en el olvido cada día.

ESTE INVIERNO

Sé que es muy difícil
no quedarse suspendido en este invierno,
comprender que hay otro reto
que es posible y que discurre paralelo.

Sé que hay corazones
que han creído que hay delirios,
hechos ansias de grandeza,
que son ciertos,
y han vestido de futuro
tanta sombra contenida en este ahora.

Sé que, aunque lastime,
es siendo nadie como puedo
cada tarde reencontrarme.

Convertida en este olvido
he recordado mi ignorancia
y he vencido esta tristeza,
cual lucero, imperceptible,
en la mañana.

Asumido el desafío
de no ser nada aparente

he encontrado este camino
de palabras y luciérnagas latientes.

Una estela que me muestra
que, en lo frágil de esta mente
que sostiene el universo,
existe un puente que convierte en primavera
la falacia de este invierno.

EL ANDÉN DE LOS RECUERDOS

Anoche bajé
a la estación de los recuerdos,
convoqué a la luna, desnuda y sola,
a descender conmigo
al andén de los misterios.

Anoche decidí volver,
quizás andar por primera vez
los antiguos pasos perdidos,
la vía ignorada
en la que toda victoria
y toda derrota
tuvieron, sin saberlo, su inicio.

Anoche,
me desprendí de este bullicio
con el anhelo nuevo
de encontrarme con todos
los que han dado a mi vida sentido,
los aparentemente muertos y los vivos,
los presentes y, también,
los que el camino relegó al olvido.

Anoche viví
la fugacidad del amor
que se abre a los abismos,
el secreto manso
de los relojes invertidos.

Recuerdo,
que descendí anoche
o, acaso, fue hace un siglo
al andén de los olvidos,
junto a una luna,
desnuda y sola,
para reunirme, tal vez,
tan solo, conmigo.

TUYOS

Todo está en su orden
para que tú te acerques
con tus pies alados
y ninguna de las imperfecciones
de este mundo te roce.

Todo está en el lugar
donde ayer lo dejaste,
para que las cosas te miren
y sepan que son tuyas,
para que nuestro corazón
se reconozca tuyo para siempre.

Todo lo que, por algún derecho,
nos pertenece está a tu alcance
para que tú lo tomes
y le infundas esa vida
que solo tú puedes darle.

Lo que, sin saberlo, te ha rozado,
lo que ha conocido tu risa
y se ha posado en tus ojos,
tus ojos que contienen
la luz del universo,

todo te espera anhelante,
para volver a nombrarte,
para sentirse eternamente tuyo,
para volver a tenerte.

ALGÚN DÍA

Algún día sabrás que fui poeta
y que tu ausencia estuvo
siempre naufragando en mis poemas,
sabrás que fuiste el universo entero
y el callado intento de alcanzar las estrellas.

Algún día los sauces
de un camino reinventado
te acercarán sonidos de canciones
que fueron, aunque no fueran nuestras.

Algún día seré recuerdo
sin haber sido ni olvido,
y aunque nunca sepas
qué silencio atrajo
a este eterno llanto
la cadencia de tus pasos,
sabrás que fui poeta
y que siempre hubo palabras
que te amaron.

NUNCA ES TARDE

Nunca es tarde
para ver que, en tus ojos,
aún se encienden
las estrellas.

Aún es tiempo
de buscarse mar adentro,
en los recodos más ignotos
de ese verso aún no compuesto.

Y comulgo con el mundo
si presiento
que una chispa esperanzada
aún se alberga en tu mirada,
si es sincero el sentimiento,
si los besos que nos dimos
se han salvado de este abismo.

Aún es tiempo
de perderse vida adentro,
en los confines más remotos
de estos versos que, ahora,
dicta, renovado, el universo.

Nunca es tarde
si me cuentas
que aún me quieres,
en silencio.

HOY

Hoy te encontraré
cuando se cierre la tarde,
sabré que eres tú
que persistes, silente,
tras la grieta de nieve
que precede a esta tregua
de jilgueros y amapolas silvestres.

Hoy dibujaré en el viento,
de nuevo, tu nombre,
te amaré callada
a la luz de un cielo,
teñido de añil y amaranto,
que se entrega a la brecha
de un ocaso perenne.

Hoy será hoy contigo
ya para siempre,
sin ayer ni mañana,
sin siquiera presente.

SOLAMENTE

Quisiera no perderme
detrás de los espejos,
tener siempre presente
la voz que me reclama
y que trasciende esta ceguera.

Quisiera ser gaviota, solamente,
vivirme en el reflejo
que contiene, tan solo, luz y aire,
destello que mantiene su equilibrio
cuando todo se deshace.

Sentir que puedo nacer,
de nuevo, a cada instante,
desnuda de etiquetas y artificios,
redimida, en cada aliento,
de complejos procesos mentales.

Saber que hay un espacio
que contiene, tan solo, lo importante,
el hálito perdido
que separa, en cada trance,
la vida de la muerte.

Quisiera ser humana,
a veces, solamente,
despedir esta penumbra
que habita y que persigue
ser esencia en nuestra mente.

Quisiera no perderme,
no perderme, solamente.

PARA QUE ME ENCUENTRES

Tejeré caminos de amor
para que me encuentres,
caminos de polvo de estrellas
que solo tú comprendas.

Seremos dos estelas de luz
que, de nuevo, se unen,
dos reflejos de cobre
que encienden la tarde.

Tendremos, quizás, otra forma
y, tal vez, otro nombre.
Ilusiones antiguas
que ya conocimos
y dejamos aparte.

Volveremos, tranquilos,
aparentemente a lo mismo,
a un fulgor contenido,
a un destello de nieve.

Pero en cada naufragio
que nos haga presente
que entre el polvo de estrellas

y la luz que enciende la tarde
está lo más importante,
volveré a tejer
un camino de amor
que solo tú descifres,
para que allí donde estés
puedas, de nuevo, encontrarme.

UN MENSAJE SIN TIEMPO

He recorrido, de nuevo,
los caminos, repletos de luz,
que tú me enseñaste.
Nada ha sido, no obstante,
como tú lo inventaste.

El palpitar de las hojas
tendidas al aire silente,
la caricia del viento,
lejano, en mis manos.

He recorrido, de nuevo,
los senderos que, un día,
fueron nuestros.
Ahora duermen abiertos
al arrullo lejano
de un mensaje sin tiempo.

Y he sentido,
en la piel, el rumor
de los campos vencidos
al pasar de los años,
al saber que no existe
el retorno al pasado.

Hoy he vuelto, de nuevo,
a sentir esta brisa
que soñamos despiertos.
Y el color esmeralda
en un silencio plagado de anhelos
me ha devuelto a la senda
que tantas veces, tú y yo,
hicimos nuestra.

HAY UN SILENCIO

Hay un silencio que traspasa
este presente que me inventa.
Hay un silencio que adormece
estas pupilas y se abre al deseo
de ser conciencia que se pierde.

Busca su ritmo en la memoria
de un pasado vuelto lluvia
en este instante que trasciende.
Hay un silencio que acaricia
esa huella de nostalgia
que pervive en esta piel
que la contiene.

Y soy llanto en él, y primavera,
fuente antigua y espera,
soy la niñez que vuelve
y el mañana que el ahora crea,
soy el ser de amor que olvido
y que este silencio recupera.

OTRA OPORTUNIDAD

Hoy tengo la oportunidad
de ser, por fin,
quien quiero ser,
de ser quien, en realidad, soy.

Hoy tengo una oportunidad renovada
que no pienso volver a perder.

Y pido ayuda a un dios
con nombre de universo,
a los árboles que me cubren
y cuyas raíces sostienen
este lecho en el que duermo.

Hoy tengo la oportunidad
de creer, de creer de verdad,
que querer es poder
y a mi mente llega,
con la luz transformada
como en un sortilegio,
cada uno de mis antiguos retos.

Y escojo abandonar, abandonar
tanta piedra que había impedido
mi verdadero camino,

desamores antiguos que perdieron
hace tanto su sentido,
sinsabores con nombres
que han caído al olvido.

Hoy quiero dejar de vivir
como si siempre hubiera que vencer
un enemigo indefinido.

Y pido ayuda a cada estrella
que invoco y me contempla,
a los ancestros que repitieron,
en cada una de sus vidas,
los mismos problemas,
a esta conciencia acallada que alienta
cada destello de lucidez
que me acerca, como hoy, al encuentro
de ser quien quiero ser,
de ser, únicamente, quien soy.

MARIBEL

Ahora que no estás,
recorreré las calles
que nos vieron crecer.

Me escudaré
en el anonimato cálido
de los nombres,
de los no nombrados nombres,
los que nunca existieron,
los más importantes.

Ahora que no estás,
te explicaré cómo fijé
esta luz que ahora contemplo
en mi recuerdo,
cómo fijé tu ausencia,
entonces, ya, y este momento.

Ahora que desciende suave
el olvido leve
de tus ojos negros,
mirando el presente,
bebiendo la vida,
que se iniciaba entonces,

despreocupadas, sin prisas,
descubriendo juntas
las calles que, ahora,
se abren a otros nombres.

UN CIELO PERDIDO

Contaré los besos que faltan
para que este encuentro
se haga realidad.

Y si me descuento,
invocaré a las noches
que pasé sintiendo
el sonido sordo
de un cielo perdido,
que olvidó el camino
y entregó el destino
de sus días claros
a la vacuidad.

Contaré las lágrimas,
las risas que faltan
para que el deseo
se vuelva verdad.

Y si me descuento,
volveré al momento
en que tendí los brazos
librando al olvido
estigmas antiguos

de un cielo perdido,
que olvidó el silencio
que preludia al alba
en cada despertar.

Contaré los secretos
que se han mantenido
y tus ojos nuevos
han vuelto a albergar.

Y si me descuento,
invocaré a los besos,
las risas, las lágrimas,
y a cada secreto
que revele el tiempo
que pasé sabiendo
que nos queda un cielo,
hallado, de nuevo,
en un firmamento
por recuperar.

UNA ESTRELLA

Para Juanjo

A veces una estrella sola
enciende el horizonte.

No se añoran, entonces,
firmamentos relucientes
ni grandes auroras boreales,
ella sola alumbra
el espacio que la contiene.

A veces basta una estrella
y aunque no se sepa ni el nombre,
convierte los días en misterios
que renacen, sublimados, tras la noche.

A veces una estrella sola
enciende, sin saberlo, el horizonte.

CON TU TRAJE DE HÉROE

Me salvan tus besos
de la lucha ciega
por tenerme en pie,
del cansancio añejo
vertido en mis huesos,
del proyecto vacuo
de querer vencer.

Me hablan muy quedo,
sosteniendo sueños
que quieren dejar de existir,
manteniendo un verso
que la vida insiste
en dejar de sentir.

Siempre fuiste un héroe,
retando al destino,
tendiéndole un pulso
a la propia muerte.

Llegaste a salvarme,
a renacer conmigo
a la tristeza tenue
que vence a la tarde.

Déjame perderme
entre tus besos suaves,
tras la espuma amarga
en que renace el alba,
lejos de la arista
que, tenaz, perpetua
esta fatiga verde
de esperanzas vanas.

Déjame que sueñe
que estuviste siempre,
sosteniendo el cielo
con tu traje de héroe.

BAJO LOS OLIVOS

Después nos amaremos
bajo los olivos,
cuando la tarde cierre
todo lo que, hoy,
no hemos sido.

Nos amaremos después,
cuando las casas se enciendan
y las miradas que las habitan
empiecen a despojarse
de cada desengaño vivido.

Seremos tú y yo,
tú y yo solos,
dejaremos al pie del camino
todo aquello que no es nuestro,
todo lo terriblemente adquirido.

Olvidaremos una a una
todas nuestras identidades,
el hambre insaciable
de tantos besos cedidos,
el recuerdo de tantos seres
que buscan, sin hallarlo, cobijo.

Tú y yo,
tan frágiles y poderosos,
despiertos a un amor rareza
en un instante compartido,
fugaces y, a un tiempo, eternos,
solo uno,
uno en dos cuerpos
bajo los olivos.

NACER A MÍ MISMA

Yo solo quiero
vencerme a mí misma.

Parece sencillo,
dejar el latido
que tañe en la noche
y me dice
que imponga mi nombre,
que extienda mi sombra,
que busque motivos
de pugna constante.

Yo solo quiero
encontrarme a mí misma.

Parece tan simple,
dejar los anhelos
que otros soñaron
y yo he mantenido
en mi tiempo,
dejar los rencores,
librar las cadenas
que me aúnan a ellos.

Yo solo quiero
abrirme a mi vida.

Parece tan fácil,
atender a la voz
que, frágil, replica
que me aleje
de cada camino
que emprendo movida
por algún egoísmo,
comprender los errores
que han ido vertiendo,
vida tras vida,
en mí mis ancestros
y que yo, ahora, revivo.

Yo solo quiero
nacer a mi vida,
a la mía,
como algo sencillo,
como el agua
que fluye en el río,
como esa amapola
que, efímera, se abre
al mecer de una brisa
que proviene de afuera
pero que es ella misma,
ser yo siendo otra,
nacer a mí misma.

DE FRENTE

Hoy miro de frente
cada piedra en que he caído,
cada paso que no he dado
y que he perdido.

Toda rosa deshojada
en mi camino,
todo pétalo de albada
y toda gota de rocío
que destila la mañana
y no he vivido.

Hoy miro de frente
a la certeza que proclama
cada día mi dolor
y esta esperanza entrelazada,
hecha de lluvia
y de fuentes olvidadas.

Todo aquel que, sin llegar,
se ha ido,
todo aquello que he soñado
y que no he sido.

Hoy miro de frente,
como tantos, a la muerte,
a la muerte que contiene
en su misterio y su belleza
el estigma indestructible,
el secreto al que me acojo,
inmaculado, de la vida.

CANTO

Y aunque tenga miedo
de cerrar los ojos
y perder los sueños
que sostuve ayer,
canto a un destino
que está por hacer,
canto al remanso
que conduce, quieto,
a la orilla vasta
donde se equilibran
mi antiguo y mi nuevo ser.

Y aunque sienta el peso
que impone el espejo
y al tender las manos
intuya un abismo
que se abre a mis pies,
canto a la esperanza
que aúna la fuerza que tuve
con la fortaleza que siento tener,
canto a la mañana que,
entre esta neblina, presiento nacer.

Y aceptar el reto
que, hoy, el mundo elude,

se ha vuelto camino,
desafío nuevo,
cristales de roca
que hay que deshacer.

Y renuevo el pacto
que propone mi hado,
con todo lo vivo,
con lo que ahora soy
y con lo que no he perdido.

SER

Sencillamente soy
y no me importa, ya,
si es o no es sola,
conmigo estoy.

No busco perpetuarme
en más mentiras,
en trampas que he creído
que me abrigan.

Despierto en una taza de café
entre estrellas que se alejan
y no temo comprender
que yo no estoy
ni en el café ni en las estrellas.

Por fin las que liberan
tanto espacio que ahora vuelve
sin saber ni que existía
son justamente mis cadenas.

Y aunque aún no sé si esta antesala
es un camino que yo elijo

o es solo un espejismo,
me libro en esta noche
que se acaba a sus designios.

Me tomo, solo eso,
y soy yo
quien lo decido.

SOLEDAD

Cuando llegue la hora
de afrontar el rostro
de la soledad,
y el rocío se ocupe
de sellar los labios
que inventaron nombres
que hubo que olvidar.

Cuando no recuerde
que el mundo es mi mente
y que la vida empieza
detrás de esta muerte.

Intentaré atisbar,
entre la luz difusa
de esta irrealidad,
la vereda estrecha
que lleve, otra vez,
mi presencia eterna,
cuajada de siglos
de nuevos principios
y un mismo final,
a abrirle, de nuevo,
sin temor, los brazos
a otra soledad.

ÍNDICE

POEMAS DEL OLVIDO

POEMAS DE LA ESPERANZA